1.

2.

Imprim. de Louis Perrin, r. d'Amboise, 6. Lyon.

NOTICE

SUR

LE CORPS DE SAINT EXUPÈRE,

MARTYR,

Donné par S. S. Grégoire XVI

A L'OEUVRE DE LA PROPAGATION DE LA FOI.

Par J. G. H. Greppo,

Vicaire-Général de Belley; des académies de Turin, Lyon, Dijon, etc.

*Et revelabit terra sanguinem suum,
et non operiet ultra interfectos suos.*

Isai. XXVI, 21.

LYON,

CHEZ PÉLAGAUD ET LESNE,

IMPR.-LIBR. DE N. S. P. LE PAPE,

Grande rue Mercière, 16.

1838.

LYON, IMPR. DE PÉLAGAUD ET LESNE,
Halles de la Grenette.

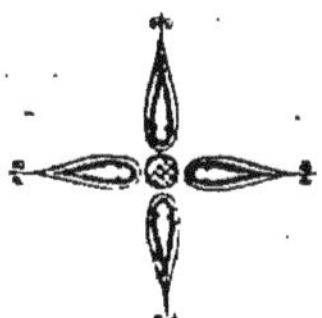

A l'occasion du tombeau d'une Martyre ignorée, le
P. Lupi a publié un volume in-fol., précieux pour l'ar-
chéologie chrétienne ; sur trois autres inscriptions du
même genre, Cancellieri a produit deux ouvrages moins
volumineux, mais remplis aussi d'une profonde érudi-
tion, quoiqu'ils manquent de méthode : je ne cherche
point à imiter ces deux savants. C'est à la hâte, dans un
état pénible de souffrances, et sans aucune prétention,
que j'ai rédigé et que je publie cet opuscule ; je n'y suis
poussé que par un sentiment pieux. Chrétien, prêtre,
lyonnais, je m'unis au clergé et au peuple fidèle de ma
ville natale. J'ai désiré joindre mon faible hommage
aux vœux fervents de la cité des Martyrs, quand elle
tressaille de joie et s'ébranle tout entière à l'arrivée
d'un Martyr, nouveau citoyen pour elle, venant grossir
le nombre de ceux qu'elle vit naître ou souffrir, qu'elle

invoque et qui la protégent. Toute mon espérance est
que, du haut des cieux , le soldat de Jésus-Christ dai-
gnera jeter un regard sur celui qui lui consacre cet
humble tribut, et que quelques-uns de mes pieux com-
patriotes voudront bien se souvenir de moi devant Dieu,
quand ils l'invoqueront par l'intercession du saint Martyr.

NOTICE

SUR

LE CORPS DE S. EXUPÈRE,

MARTYR,

Donné par S. S. Grégoire XVI

A L'ŒUVRE DE LA PROPAGATION DE LA FOI.

------- ⬥ -------

Le corps d'un saint Martyr est envoyé de Rome par la Congrégation de la Propagande, et au nom de S. S. le pape Grégoire XVI, au Conseil central de l'OEuvre de la Propagation de la Foi, séant à Lyon. C'est, dit le bref qui l'annonce, un témoignage public de la reconnaissance du Souverain Pontife, pour le zèle de l'Association à procurer la gloire du Seigneur chez les nations les plus lointaines (1). Ces précieuses reliques viennent d'arriver ; et en attendant qu'elles soient transférées avec la pompe convenable dans la chapelle de l'Eglise primatiale qui doit les recevoir, elles excitent de toutes parts une pieuse curiosité. Dieu n'a pas permis qu'elle puisse être satisfaite sous tous les rapports, et l'histoire de son généreux serviteur restera ensevelie encore dans les secrets du Ciel. Mais on peut recueillir quelques détails intéressants sur ses restes vénérables, sur le lieu d'où ils ont été tirés, et sur d'autres circonstances de leur invention. C'est ce que j'essaie dans ces courtes recherches : je commence par décrire les lieux.

I. Le corps de saint Exupère provient, comme tant d'autres reliques, de ces Catacombes immenses qui forment une Rome souterraine au-dessous de l'autre Rome ; cryptes augustes et sacrées pour le chrétien, qui furent les asiles et les premiers temples des fidèles aux jours de la persécution, c'est-à-dire pendant trois siècles, et qui reçurent aussi, comme dernières demeures, les restes mortels de leurs frères et de leurs martyrs. Ce sont de vastes galeries, creusées primitivement, sans doute, pour une autre destination, et vraisemblablement par l'extraction de cette terre sablonneuse qu'on

______

(1) *Vult autem* Sanctitas Sua, *idque in votis habet sacra Congregatio, memoratam Societatem, de Religione per universum terrarum orbem amplificanda præclare meritam, hoc donum accipere, veluti publicum ac perspicuum testimonium grati animi sui, ob sedulam operam, studiumque singulare, quo, tanto cum Ecclesiæ bono, redditibus suis ad majorem Dei gloriam apud remotissimas quaslibet gentes procurandam incumbit.*

appelle aujourd'hui pouzzolane, et dont les Romains paraissent avoir fait un fréquent usage dans la construction de leurs édifices. Cette origine première des Catacombes est assez prouvée par les noms d'*Arenariæ*, *ad Arenas*, donnés fréquemment aux cimetières des chrétiens dans les actes des Martyrs (1); et ce n'est pas comme autorité que je puis rappeler ces beaux vers d'un de nos poètes modernes (2) :

> Sous les remparts de Rome, et sous ses vastes plaines,
> Sont des antres profonds, des voûtes souterraines,
> Qui, pendant deux mille ans, creusés par les humains,
> Donnèrent leurs rochers aux palais des Romains ;
> Avec ses rois, ses dieux et sa magnificence,
> Rome entière sortit de cet abîme immense.
> Depuis, loin des regards et du fer des tyrans,
> L'Eglise encor naissante y cacha ses enfants;
> Jusqu'au jour où du sein de cette nuit profonde,
> Triomphante, elle vint donner ses lois au monde,
> Et marqua de sa croix les drapeaux des Césars.

Des écrivains ecclésiastiques des premiers siècles nous ont laissé sur les Catacombes des notions intéressantes, qu'on aime à rapprocher de leur état actuel. Commençons par saint Jérôme, qui les décrit ainsi (3) : « Bien « jeune encore, dit-il, lorsque j'étais à Rome pour mes

(1) Ce sont précisément les expressions dont se servaient les écrivains profanes, pour désigner les souterrains qui existaient aux portes de Rome. *V.* Cicéron, *pro Cluentio*, 13; Vitruve, *de Architect.*, II, 4 ; etc.

(2) Delille, *Imagination*, ch. IV, vers la fin.

(3) *In Ezechiel*, cap. XL.

« études littéraires, j'avais coutume, avec mes jeunes
« condisciples, de visiter, aux jours de dimanche, les
« tombeaux des Apôtres et des Martyrs. Je parcourais
« fréquemment ces cryptes creusées dans les profon-
« deurs de la terre, dont les parois montrent de chaque
« côté des corps ensevelis, et où règne une telle obscu-
« rité qu'on serait tenté de se dire, en s'appliquant les
« paroles d'un prophète : Je suis descendu vivant dans
« l'enfer. Rarement un peu de jour vient diminuer
« l'horreur de ces ténèbres, en pénétrant par des ouver-
« tures qu'on ne saurait appeler des fenêtres; et lors-
« qu'on avance pas à pas dans cette sombre nuit, on ne
« peut s'empêcher de songer à ce que dit Virgile de ces
« silences qui épouvantent l'imagination. » *Dum essem
Romæ puer, et liberalibus studiis erudirer, solebam cum
ceteris ejusdem ætatis et propositi, diebus Dominicis sepulcra Apostolorum et Martyrum circuire; crebroque cryptas
ingredi, quæ in terrarum profunda defossæ, ex utraque
parte ingredientium, per parietes habent corpora sepul-
torum, et ita obscura sunt omnia, ut propemodum illud
Propheticum compleatur :* DESCENDANT IN INFERNUM VI-
VENTES (1) ; *et raro desuper lumen admissum horrorem
temperet tenebrarum, ut non tam fenestram, quam fora-
men demissi luminis putes. Rursumque pedetentim accedi-
tur, et cæca nocte circumdatis illud Virgilianum propo-
nitur :*

Horror ubique animos, simul ipsa silentia terrent (2).

Le lieu des Catacombes où fut déposé le corps de

(1) *Psalm.* LIV, 16.

(2) *Æneid.* II, v. 755.

9

saint Hippolyte est décrit d'une manière à peu près semblable, mais plus étendue, par un ancien poète chrétien,
Prudence, dont je dois encore citer les vers (1).

Haud procul extremo culta ad pomœria vallo,
    Mersa latebrosis crypta patet foveis.
Hujus in occultum gradibus via prona reflexis
    Ire per anfractus, luce latente, docet.
Primas namque fores summo tenus intrat hiatu,
    Illustratque dies limina vestibuli.
Inde ubi progressu facili nigrescere visa est
    Nox obscura, loci per specus ambiguum,
Occurrunt cœsis immensa foramina tectis,
    Quœ jaciunt claros antra super radios.
Quamlibet ancipites texant hinc inde recessus
    Arcta sub umbrosis atria porticibus :
Attamen excisi subter cava viscera montis
    Crebra terebrato fornice lux penetrat.
Sic datur absentis per subterranea solis
    Cernere fulgorem, luminibusque frui.
Talibus Hippolyti corpus mandatum opertis,
    Propter ubi apposita est ara dicata Deo.
Illa sacramenti donatrix mensa, eademque
    Custos fida sui martyris apposita,
Servat ad æterni spem judicis ossa sepulcro,
    Pascit item sanctis Tibricolas dapibus.

Je n'essayerai pas de traduire ces vers pour ceux de
mes lecteurs qui ne sont pas familiers avec la langue des
Romains, mais je leur rappellerai, pour les dédomma-

____

(1) *Peristephan. pass. Hippol. mart.* v. 153.

ger, quelques lignes admirables, que nous devons à la plume de M. de Châteaubriand. Lui aussi a mis dans la bouche de son héros une description des Catacombes, prise, comme tout son poème, aux plus beaux souvenirs de l'antiquité, et qui fait une brillante transition des témoignages que je viens de citer à l'état moderne de ces cryptes chrétiennes.

« En traversant des champs abandonnés, dit Eu-
« dore(1), j'aperçus plusieurs personnes qui se glissaient
« dans l'ombre, et qui toutes, s'arrêtant au même en-
« droit, disparaissaient subitement. Poussé par la cu-
« riosité, je m'avance et j'entre hardiment dans la ca-
« verne où s'étaient plongés les mystérieux fantômes :
« je vis s'allonger devant moi des galeries souterraines,
« qu'à peine éclairaient de loin à loin quelques lampes
« suspendues. Les murs des corridors funèbres étaient
« bordés d'un triple rang de cercueils placés les uns au-
« dessus des autres. La lumière lugubre des lampes,
« rampant sur les parois des voûtes, et se mouvant avec
« lenteur le long des sépulcres, répandait une mobilité
« effrayante sur ces objets éternellement immobiles. En
« vain, prêtant une oreille attentive, je cherche à saisir
« quelques sons, pour me diriger à travers un abîme
« de silence, je n'entends que le battement de mon
« cœur dans le repos absolu de ces lieux. Je voulus re-
« tourner en arrière, mais il n'était plus temps : je pris
« une fausse route; et, au lieu de sortir du dédale, je
« m'y enfonçai. De nouvelles avenues qui s'ouvrent et
« se croisent de toutes parts augmentent à chaque in-

____

(1) *Les Martyrs*, liv. v, vers la fin.

« stant mes perplexités. Plus je m'efforce de trouver un
« chemin, plus je m'égare ; tantôt je m'avance avec len-
« teur, tantôt je passe avec vitesse : alors, par un effet
« des échos qui répétaient le bruit de mes pas, je crois
« entendre marcher précipitamment derrière moi.

« Il y avait déjà long-temps que j'errais ainsi ; mes
« forces commençaient à s'épuiser : je m'assis à un car-
« refour solitaire de la cité des morts. Je regardais avec
« inquiétude la lumière des lampes presque consumées
« qui menaçaient de s'éteindre. Tout à coup une har-
« monie, semblable au chœur lointain des Esprits cé-
« lestes, sort du fond de ces demeures sépulcrales : ces
« divins accents expiraient et renaissaient tour à tour ;
« ils semblaient s'adoucir encore en s'égarant dans les
« routes tortueuses du souterrain. Je me lève, et je m'a-
« vance vers les lieux d'où s'échappent les magiques
« concerts : je découvre une salle illuminée. Sur un
« tombeau paré de fleurs, Marcellin célébrait le mystère
« des chrétiens ; des jeunes filles, couvertes de voiles
« blancs, chantaient au pied de l'autel ; une nombreuse
« assemblée assistait au sacrifice. Je reconnais les Ca-
« tacombes ! »

Les modernes ont beaucoup écrit sur les Catacombes (1), et leurs recherches ont ajouté bien des

(1) Les principaux ouvrages sur cette matière sont les sui-
vants : Bosio, *Roma sotterranea*, Roma, 1632, in-fol., et la tra-
duction par Aringhi, *Roma subterranea*, Roma, 1651, 2 vol.
in-fol.; Boldetti, *Osservazioni sopra i cimiteri dei santi Martiri*,
Roma, 1720, in-fol.; Bottari, *Sculture e pitture sagre estratte
dei cimiteri di Roma*, Roma, 1737, 3 vol. in-fol.; Lupi, *Disser-
tatio et animadversiones in Severæ martyris epitaphium*. Pa-

choses aux notions incomplètes que nous venons de reconnaître chez des écrivains de l'antiquité ecclésiastique ;
mais elles n'ont pas eu à les réformer sous le rapport de
l'exactitude, parce que, suivant la remarque judicieuse
de M. Raoul-Rochette, « il serait difficile de décrire
« aujourd'hui dans d'autres termes, et surtout de don-
« ner une idée plus précise des Catacombes de Rome (1). »
Dans celles de leurs parties qui sont restées accessibles,
elles offrent encore en effet le même aspect d'ensemble
qui frappait si vivement saint Jérôme (2) ; et dans l'âme
de celui qui les visite en chrétien, elles produisent aussi
des impressions semblables. Peut-être même, après tant
de siècles qui nous séparent de ces premiers âges de
l'Eglise, après tant de révolutions dans les empires et
dans la société, le silence auguste de ces lieux déserts,
mais si pleins de souvenirs religieux, et revêtus de toute
la majesté du passé, parle-t-il plus éloquemment à

normi 1734, in-fol. ; etc. Les lecteurs peu curieux d'études ap-
profondies consulteront avec plus de fruit un ouvrage français
d'une lecture plus facile et plus agréable, le petit vol. in-12 de
M. Raoul-Rochette, qui a pour titre : *Tableau des Catacombes
de Rome ;* Paris, 1837.

(1) *Tableau des Catacombes*, p. 46.

(2) Le temps, cependant, la science moderne et la religion
même, ont apporté bien des changements partiels à l'état des
Catacombes. Depuis les premières fouilles dans cette ville des
morts, et les premiers écrits qui furent alors publiés, elles ont
été dépeuplées d'une partie de leurs habitants, proposés par l'E-
glise à la vénération des fidèles ; beaucoup de sarcophages et
d'inscriptions tumulaires ont contribué à former le musée chrétien du Vatican, et la plupart des peintures, dégradées ou per-
dues, n'existent plus que dans les dessins des artistes qui les
recueillirent.

l'homme instruit qu'anime l'esprit de la foi, et doit-il lui suggérer des pensées plus élevées encore et plus profondes.

Les Catacombes, comme je l'ai déjà dit, se composent de longs corridors, qui se croisent en tout sens, et forment des labyrinthes inextricables à ceux qui se hasarderaient à les parcourir sans guide (1). Il en est qui s'étendent à la distance de plus d'un mille, et quelques-uns ont plusieurs étages creusés les uns sous les autres. Les jours qui proviennent de la partie supérieure éclairent faiblement ces demeures funèbres, et rendent nécessaire la lumière des lampes, que les premiers chrétiens paraissent y avoir singulièrement prodiguées (2). C'est dans les parois de ces étroites allées que sont creusées des niches basses et allongées, *loculi*, dans les proportions nécessaires pour contenir un cadavre. Elles sont disposées symétriquement à droite et à gauche, en plusieurs lignes superposées : dans quelques cimetières on en voit jusqu'à cinq ou six rangs. Des briques cimentées ou des pierres fermaient ces modestes sépulcres, dérobaient les morts aux regards des vivants ; et tel est aujourd'hui l'état de ceux qui sont encore intacts. Parmi

(1) L'aventure du peintre Robert, rapportée par Delille, à la suite des vers que j'ai cités, n'est pas le seul événement de ce genre dont ces lieux aient été le théâtre : on raconte à Rome bien des histoires terminées d'une manière plus funeste.

(2) On a retrouvé dans les Catacombes un grand nombre de lampes en bronze, destinées, pour la plupart, à être suspendues aux voûtes, et dont quelques-unes étaient encore en place : on y trouve aussi tous les jours de nombreuses lampes d'argile, déposées souvent à côté des tombeaux.

les niches qu'on trouve ouvertes et vides, les unes ont été dépouillées des corps qui leur furent confiés autrefois, d'autres peut-être ne reçurent jamais les hôtes inanimés pour qui elles avaient été disposées.

De loin à loin, ces longues avenues s'élargissent pour former soit des espèces de carrefours, soit des salles plus ou moins spacieuses, plus ou moins semblables à des chapelles, et qui paraissent avoir servi aux assemblées des chrétiens, à leurs agapes (1), à la célébration des divins mystères. Dans quelques-unes on voit encore des gradins pour les fidèles, des siéges destinés vraisemblablement aux pontifes. Les peintures exécutées sur les murs ou les voûtes des Catacombes, décoraient surtout ces parties des cimetières chrétiens qui furent les temples primitifs de l'Eglise persécutée : il en est de même, je crois, des sarcophages ornés de sculptures (2). Mais ces lieux, témoins autrefois de tant de ferveur, d'innocence et d'amour, ne doivent pas nous arrêter long-

(1) Quelques peintures des Catacombes représentent ces repas fraternels des chrétiens. *V.* les auteurs cités plus haut. De nombreux fragments de vases de verre, peints ou dorés, ont été décrits et gravés dans l'ouvrage de Buonarotti, intitulé : *Osservazioni s. alcuni frammenti di vasi di vetro*, etc. Ils proviennent, pour la plupart, des cimetières de Rome, et il y a tout lieu de croire qu'ils furent employés dans les agapes des fidèles.

(2) Ces productions de l'art chrétien des premiers siècles, dont on voit les dessins dans les grands ouvrages sur cette matière, retracent, pour l'ordinaire, au milieu d'arabesques ou d'autres ornements, les scènes du nouveau Testament, ainsi que celles de l'ancien qui sont des types plus frappants des mystères du christianisme, ou qui présentent des allusions à l'état des fidèles de ce temps.

temps, malgré l'intérêt qu'ils inspirent, et les souvenirs touchants qu'ils rappellent : je reviens aux tombeaux, qui ont un rapport plus direct à l'objet de cette notice.

II. Quelques monuments païens ont été retrouvés au milieu des cimetières chrétiens, soit qu'ils aient été employés pour la sépulture des fidèles dans des moments d'urgence et de trouble, que l'histoire du temps explique assez, soit qu'ils y aient été amenés par d'autres circonstances fortuites. Mais le nombre en est infiniment petit, et en général il est facile de les reconnaître aux formules usitées dans le paganisme, et que les disciples du Sauveur réprouvaient. Quant aux autres pierres tumulaires, en l'absence de tout signe et de toute formule propres aux adorateurs des idoles, elles sont assez désignées comme chrétiennes par leur seule position dans un cimetière chrétien. Le plus souvent, en outre, leur attribution à des enfants de l'Eglise est justifiée par des symboles sculptés ou gravés, inconnus aux païens, et que nous savons au contraire avoir été des signes de christianisme, ou bien par des formules dans les inscriptions en rapport avec les idées religieuses des fidèles, et consacrées parmi eux. De ces expressions chrétiennes je ne citerai que les plus communes : REQUIESCIT, DORMIT IN PACE, ou simplement IN PACE; paroles empruntées aux Livres saints, qu'on ne voit pas sur les monuments du paganisme, et qui conviennent si bien au serviteur de Jésus-Christ, endormi dans la paix et dans le repos du Seigneur.

Les symboles qui caractérisent avec certitude les tombeaux des fidèles sont variés, et s'y rencontrent fréquemment. Il faut placer en premier lieu le monogramme composé des deux lettres ΧΡ, qui sont les premiers éléments du nom. grec du Christ, ΧΡιστος, emblème souvent précédé et suivi du premier et du dernier caractère de l'alphabet Α et Ω (1); ensuite la croix, qui, en général, se montre plus tard sur ces monuments. D'autres symboles sont connus d'ailleurs par saint Clément d'Alexandrie, comme types ordinaires des anneaux ou cachets des chrétiens (2) : le poisson, qui, vivant dans l'eau, est la figure du baptême (3), et dont le nom grec ΙΧΘΥΣ, exprime par ses caractères les initiales des noms du Sauveur (4); la colombe (5), l'ancre (6), une barque à la voile. On y observe aussi la palme, le cep de vigne (7), une figure debout, les mains étendues, dans l'attitude de la prière; la résurrection de Lazare, symbole des espérances du chrétien; le bon Pasteur portant sur les épaules la brebis égarée (8), etc.

(1) *Ego sum Alpha et Omega, primus et novissimus, principium et finis* (Apoc. XXII, 13).

(2) *Prædag.* III, 11, p. 285 et seq. edit. oxon.

(3) *V.* Optat. *De schism. Donatist.* III, 2, p. 49. — Augustin. *De civit. Dei*, XVIII, 23, etc.

(4) Ιησους Χριστος, Θεου Υιος, Σωτηρ. Jésus-Christ, fils de Dieu, Sauveur.

(5) *Estote ergo prudentes sicut serpentes, et simplices sicut columbæ* (Matth. X, 16).

(6) *Qui confugimus ad tenendam propositam spem, quam sicut anchoram habemus animæ tutam ac firmam* (Hebr. VI, 18-19).

(7) *Ego sum vitis, vos palmites* (Joan. XV, 5).

(8) *Luc.* XV, 4. — *Joan.* X, 10.

On peut donc ainsi, quand on parcourt les Catacombes, s'arrêter avec assurance à cette pensée conso-
lante pour le chrétien, que les restes mortels dont on s'y
voit entouré sont ceux de nos frères aînés dans la foi,
enfants des mêmes espérances, héritiers des mêmes pro-
messes, et qu'un grand nombre d'entre eux, dans ces
siècles de zèle pieux, bien faits pour confondre la tié-
deur de notre âge dégénéré, ont mérité et obtenu la ré-
compense préparée au serviteur fidèle. Mais ces signes
de christianisme ne sont pas des marques certaines de
sainteté; et c'est sur des données plus positives que l'E-
glise s'appuie, lorsqu'elle propose un corps des Catacombes à la vénération des peuples. Elle exige ce qui
peut seul constater la sainteté hors des formes régu-
lières de la canonisation, et lorsqu'il est question d'un
personnage dont la vie est demeurée inconnue, la
certitude du martyre; car le martyre, aux yeux des
chrétiens, a toujours été regardé comme la voie la plus
assurée pour parvenir au ciel. Il est important ici d'exa-
miner avec soin comment on acquiert cette certitude
que tel corps, retrouvé dans les antiques cimetières
chrétiens, est bien réellement la dépouille d'un martyr.

A l'époque où les Catacombes servirent de temples et de
tombeaux aux disciples de Jésus-Christ, son Eglise fut
presque toujours persécutée, et le sang de ses fils coula
par torrents dans tout l'empire, mais surtout à Rome.
D'après cette donnée générale, comme aussi d'après mille
faits particuliers qui s'y rattachent (1), il est donc bien

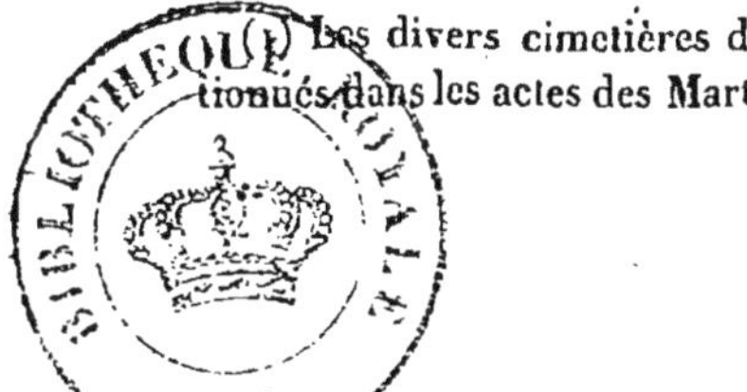

(1) Les divers cimetières des Catacombes sont souvent mentionnés dans les actes des Martyrs et dans les Martyrologes.

certain qu'un grand nombre de martyrs furent déposés dans les sépultures souterraines que les chrétiens s'étaient faites. Mais, si des inscriptions attestent quelquefois qu'une sépulture commune réunit après leur mort plusieurs de ces victimes (1), il est peu de tombes particulières où se lise avec certitude l'indication du martyre (2); et c'est d'une autre manière que nous sont révélés le plus souvent les restes des chrétiens qui moururent pour la foi.

On voit avec admiration dans l'histoire de l'Eglise, avec quel empressement et quel soin les premiers fidèles recueillaient le sang de leurs frères, lorsqu'il avait coulé pour la cause de Jésus-Christ. Des faits nombreux attestent cette pieuse coutume ; je ne citerai (3) que ces vers

(1) On trouvera des recherches fort intéressantes à ce sujet, par le chevalier Pietro Visconti, dans les *Memorie romane d'antichita et di belle arti.*

(2) On lit sur une inscription donnée par Lupi (*op. laud.*), p. 32, note 5, NARTYR IN PACE; sur une autre qu'avait rapportée Aringhi (t. 1, p. 592); PRIMITIVS IN PACE QVI POST MVLTAS ANGVSTIAS FORTISSIMVS MARTYR, etc.

(3) *Peristephan. pass. Hippol. Mart., v.* 141. On peut citer encore les actes de saint Vincent (*Ap. Ruinart*, in-4°, p. 395), où on lit : *Videres... sanguinem linteis excipere, sacra veneratione futuris profuturum ;* ceux de saint Cyprien (*Ap. eumd.*, in-4°, p. 218), où il est dit : *Linteamina vel manualia a fratribus ante eum mittebantur ;* et comme l'expliquent d'autres actes, *ne sanctus cruor defluens absorberetur a terra.* Saint Ambroise (*Exhort. ad virg.*), dit aussi en parlant des Saints Vital et Agricole : *Collegimus sanguinem triumphalem.*

de Prudence, parce qu'ils contiennent quelques détails intéressants :

Palliolis etiam bibulæ siccantur arenæ,
Ne quis in infecto pulvere ros maneat.
Si quis et in sudibus recalenti aspergine sanguis
Insidet, hunc omnem spongia pressa rapit :
Nec jam densa sacro quicquam de corpore sylva
Obtinet, aut plenis fraudat ab exequiis.

Les monuments à leur tour sont venus confirmer les données historiques, et jouer un rôle important dans l'accomplissement des desseins du Seigneur, pour la glorification de ses Saints. Quand les modernes commencèrent à explorer, après la renaissance, les antiques cimetières des chrétiens, ils découvrirent auprès d'un grand nombre de tombes de petits vases, ordinairement en verre, scellés avec de la chaux sur les parois. Plusieurs de ces vases sont imprégnés d'une couleur rouge très-foncée, et contiennent, en plus ou moins grande quantité, une substance colorée de même, espèce de croûte semblable à du sang desséché et durci. Il était naturel de se rappeler, à cette vue, l'usage des premiers fidèles que je viens de signaler; et il restait démontré que ces niches ne pouvaient recéler que des corps de martyrs, si l'on parvenait à constater avec toute certitude que la matière renfermée dans ces vases était bien réellement les restes d'un sang dénaturé par la dessication, et non le sédiment laissé par le vin qui aurait servi pour les agapes, comme l'ont prétendu témérairement quelques sceptiques modernes. Or, à cet égard il n'était pas possible de douter; et, admettant la conséquence rigoureuse qui ressort évidemment des faits, la Congrégation des Indulgences, dès la fin du dix-septième siècle, s'était tracé la règle dont elle ne s'écarte pas, et avait déclaré que le vase teint de sang devait être regardé comme la marque caractéristique et tout à fait certaine des reliques appartenant à des martyrs de Jésus-Christ (1).

J'ai dit qu'il n'était pas possible de douter relativement à la nature de la matière qui s'était conservée dans ces vases funéraires. Un simple examen et le témoignage des sens suffisaient pour la faire reconnaître, et pour constater les différences qui distinguaient cette substance animale, du tartre déposé par le vin pendant plusieurs siècles, comme on en a retrouvé quelquefois dans des fouilles archéologiques.

La disposition même de plusieurs de ces vases a servi à confirmer encore cette première donnée. Ainsi, dans quelques-uns on a retrouvé des linges ou des éponges, qui avaient autrefois recueilli goutte à goutte ce sang précieux, particularité qu'on a vu mentionnée par le poète Prudence (2). Ainsi, diverses abréviations du mot sangvis, lues auprès de plusieurs autres sur la chaux ou sur la pierre, révélaient clairement l'essence du dépôt qui leur avait été confié. Ce sont pour deux, les initiales sā. et sang. (3); et pour une troisième,

____

(1) Eloigné de ma bibliothèque, je suis privé de plusieurs ouvrages qui m'eussent été nécessaires dans ce petit travail, et que j'ai vainement cherchés à Lyon ; je ne puis rapporter ici ni le texte, ni la date précise de ce décret.

(2) Mamachi, *Origin. et antiquit. Christian.*, t. 1, p. 462.

(3) Aringhi, *Roma subterran.*, t. 1, p. 498.

sa satvrnii (1). Il n'est pas inutile de rappeler de plus, que le vase de sang a été observé adhérent à des tombes où se lisait en toutes lettres la qualification de martyr (2).

Enfin la science, rendant à la Religion ce qu'elle en a reçu si souvent, a justifié aussi ce qui paraissait déjà plus que suffisamment établi ; et des analyses chimiques ont fait reconnaître d'une manière plus palpable l'existence du sang, coloré encore malgré son altération. Leibnitz, dont le témoignage n'est pas suspect, écrivait dans ce sens au savant prélat Fabretti, après diverses expériences répétées (3). D'autres essais ont été faits depuis, et toujours avec les mêmes résultats.

C'est donc avec la plus entière certitude qu'on peut regarder comme des restes de martyrs les corps extraits des Catacombes, qui sont accompagnés de ce symbole authentique : rien n'est plus consciencieux ni plus sage que la manière dont on procède à Rome pour leur récognition ; et les fidèles, quand ils suivent envers eux le mouvement d'une piété sincère, n'ont pas à craindre de se tromper dans leurs hommages, ni de rendre à des reliques fausses ou douteuses un culte qui ne serait pas mérité.

III. Après ces généralités nécessaires sur les cryptes chrétiennes, et sur les saintes dépouilles qu'elles renferment, il est temps d'en venir enfin à celles que le chef de l'Eglise propose aujourd'hui à la vénération du peu-

(1) Aringhi, *Roma subterran.*, p. 496.

(2) *Ibid.*, p. 31.

(3) Fabretti, *Inscript. domest.*, p. 556.

ple lyonnais. Nous n'avons guère sur ces précieuses reliques que les notions fournies par les lettres authentiques qui les accompagnent, et qui sont destinées, suivant l'usage, à constater leur identité. Je dois en placer ici le texte entièrement conforme à l'original.

Fr. Joannes Augustoni, ord. Eremit. S. Augustini, Dei et Apostolicæ Sedis gratia Episcopus Porphyrien., Sacrarii apostolici Præfectus, Prælatus domesticus, ac Pontificio solio assistens.

Universis, et singulis præsentes Literas nostras visuris fidem indubiam facimus, quod Nos ad majorem Omnipotentis Dei gloriam, Sanctorumque suorum venerationem, ex sacris Reliquiis de mandato SSmi D. N. PP. e cœmeterio Callisti die xxvii Aprilis mdcccxxxvii extractis, et a sacra Congregatione Indulgentiarum sacrarumque Reliquiarum recognitis et approbatis, dono dedimus sacræ Congregationi de Propaganda Fide sacrum Corpus sancti EXUPERIJ Martyris, nominis proprii inventum, ut supra, cum vase sanguinis, et lapide marmoreo insculpto EXUPERIJ. — Quod quidem Corpus, veterum priscorum Romanorum more indutum, reverenter reposuimus cum prædicto vase in Urna lignea deaurata, unico cristallo ab anteriori parte munita, bene clausa, nostroque parvo sigillo obsignata, et omnibus ad quos spectat, ut prædictum Sacrum Corpus apud se retinere, aliis donare, et in quacumque ecclesia, oratorio, seu capella, publicæ venerationi exponere valeant facultatem in Domino concessimus, absque tamen Officio, et Missa, ad formam Decreti sacræ Congregationis Rituum editi die 11 Augusti 1691. In

quorum fidem has præsentes Literas manu nostra sub-
scriptas, nostroque sigillo firmatas per infrascriptum
Secretarium nostrum expediri jussimus.

Datum Romæ, die xxv mensis Septembris anno
MDCCCXXXVIII.

J. Joann., Episc. Porphyr.

Nicolaus Manzia, deputatus.

Reg. lit. E.

Locus sigilli †

Cette pièce nous fait connaître trois faits principaux
relatifs au corps saint qu'elle a pour objet : nous y
voyons qu'il fut tiré du cimetière de Calliste (le 27 avril
1837), et reconnu par la congrégation des Indulgences
et des saintes Reliques ; qu'un vase plein de sang était
placé auprès de lui ; et que le saint martyr était désigné
par le nom d'Exupère, inscrit sur une pierre de marbre. Toutes ces circonstances sont importantes et donnent
lieu à quelques recherches.

De nombreux cimetières chrétiens, dans l'enceinte de
Rome, ou hors de ses murs, composent cet ensemble de
souterrains qu'on appelle indistinctement du nom de
Catacombes. Celui de Calliste est un des plus étendus,
des plus remarquables et des plus célèbres ; c'est encore
le plus accessible, et par conséquent le plus connu, dans
l'une du moins de ses parties principales (1) ; enfin,

(1) Les Catacombes de saint Sébastien situées sous la voie Ap-
pienne. C'est le seul des cimetières anciens de Rome chrétienne,
que visitent la plupart des curieux, et même bien des archéologues.

on le regarde aussi comme étant un de ceux qui furent
le plus anciennement occupés par les fidèles. Si l'on ne
connaît pas précisément l'époque à laquelle ils en prirent
possession (1) , cette opinion semble du moins justifiée
par le caractère et l'exécution des peintures qui le déco-
rent, et qui se rapprochent du style de l'antiquité plus que
la plupart des autres. Il tire son nom du saint pape Calliste, ou plutôt Callixte, qui le fit orner ou qui l'agrandit.
Ce pontife mourut martyr sous Sévère-Alexandre , au
commencement du troisième siècle, victime, à ce que
l'on croit , d'une de ces émeutes populaires , si souvent
excitées contre les chrétiens par leurs implacables enne-
mis (2). Le règne sous lequel il vécut , époque de paix ,
et même d'une sorte de faveur pour le christianisme (3) ,
rend raison, mieux que toute autre circonstance, de la
facilité qu'il put avoir pour l'exécution de tels travaux.
L'agrandissement de ces demeures funèbres est assez in-

(1) Des traditions respectables, et qui ne sont pas dépourvues
d'autorités historiques, rapportent que les restes mortels de saint
Pierre et de saint Paul y furent déposés aussitôt après leur martyre, et qu'ils y restèrent quelque temps avant leur translation aux
lieux qui les possédèrent depuis.

(2) Tillemont, *Mémoires pour servir à l'histoire ecclésiast.*,
t. iii, in-4°, p. 250, et les notes.

(3) Parmi les faits qui prouvent les dispositions favorables du
fils de Mamée envers les chrétiens, le suivant, rapporté par Lam-
pride (*Alex. Sev.* 49), est d'autant plus curieux qu'il semblerait
supposer, sous ce prince, l'existence d'une église à l'usage des
fidèles, hors de l'enceinte des Catacombes : *Quum christiani
quemdam locum, qui publicus fuerat, occupassent, contra
popinarii dicerent sibi eum deberi, rescripsit melius esse ut quo-
modocumque illic Deus colatur, quam popinariis dedatur.*

diqué par des niches postérieurement creusées sur des peintures chrétiennes préexistantes (1).

Nous voyons dans le martyrologe d'Adon (2), que le corps de saint Callixte fut déposé dans le cimetière de Calépode, ainsi nommé d'un prêtre romain de ce temps-là, qui obtint la couronne du martyr. Depuis, celui du saint pontife reçut les dépouilles de plusieurs papes, au nombre de dix-sept au moins, et de quarante-six suivant une inscription qui se lit à l'entrée, et qu'on peut voir dans Aringhi (3). La même inscription porte à cent soixante-quatorze mille le nombre des martyrs dont il fut la sépulture. Il est certain du moins que d'anciens auteurs ecclésiastiques parlent d'une immense multitude, et que les martyrologes et les actes nomment fréquemment le cimetière de Callixte. Parmi les saints Martyrs les plus connus que nous savons y avoir été déposés après leur mort, je mentionnerai seulement saint Sébastien, sainte Cécile, et les papes saint Fabien, saint Corneille, saint Etienne, saint Sixte. Grand nombre de corps saints en ont été tirés depuis qu'on explore les Catacombes ; et la pièce que j'ai rapportée plus haut nous apprend que d'autres reliques en furent extraites avec celles qui vont recevoir désormais le culte de notre ville.

Auprès du corps de notre Saint (l'authentique le constate encore) était placé un vase teint du sang généreux qu'il avait versé pour sa foi. Ce vase, déposé aujour-

(1) *V.* M. Raoul-Rochette, *Tableau des Catacombes*, p. 57.

(2) *Ad* xiv *octobris.*

(3) *Roma subterran.*, t. 1, p. 459.

d'hui à ses pieds dans la châsse vitrée qui le renferme, est renfermé lui-même dans une boîte en bois doré (1), percée d'une ouverture de quinze lignes, qui permet de le voir en partie. Sa figure est celle d'un cône tronqué et renversé, le plus grand diamètre se mesurant à l'orifice qui se termine par un rebord; son profil est élégant et pur dans sa simplicité, comme on peut en juger par l'inspection de la planche (figure 1), dessin aussi exact qu'on pouvait l'obtenir sans en déplacer l'objet. Le vase est de verre, comme la plupart de ceux qui ont été décrits dans les ouvrages publiés sur la Rome souterraine. Il est irisé à l'intérieur, ainsi que le sont ordinairement les verres antiques; mais ce qui est visible de sa surface extérieure ne paraît pas avoir subi les mêmes effets, la chaux ou le ciment qui l'enveloppait l'ayant préservé sans doute de l'influence des agents qui produisent cette irisation. La substance évidemment ensanglantée qu'il contient paraît avoir une assez forte consistance : peut-être serait-elle mêlée de terre ou de quelques débris de linge ou d'éponges; mais la distance à laquelle on peut la voir, et la disposition des objets, ne permettent pas qu'on en juge avec assura ce. Ce petit monument chrétien doit être considéré comme faisant en quelque sorte partie intégrante de l'insigne relique, dont il garantit les droits au culte des martyrs, et il ajoute un nouveau prix au don si précieux du Souverain Pontife.

La pièce importante qui constate les circonstances de la découverte de ce saint corps, emploie, en parlant du

______

(1) Cette boîte a la forme d'un vase couvert ; elle est surmontée du monogramme chrétien.

martyr, les expressions *nominis proprii*, usitées en pareil cas, mais qui auront paru peu intelligibles à beaucoup de mes lecteurs. Elles veulent dire simplement que le saint martyr avait un nom propre, non pas seulement comme tous les autres hommes, lorsqu'il était encore sur la terre des vivants, mais aussi dans cette cité souterraine des morts que ses ossements habitèrent durant tant de siècles. Pour mieux faire comprendre ceci, il faut que je remonte encore à quelques données historiques et monumentales.

Prudence, déjà cité, et qu'il faut citer souvent quand il s'agit d'antiquités ecclésiastiques, Prudence, parcourant les Catacombes, avait remarqué, parmi les tombes chrétiennes, que si beaucoup d'entre elles étaient désignées par des inscriptions, d'autres aussi, et fort nombreuses, restaient muettes pour ceux qui désiraient les interroger, et que Jésus-Christ seul connaissait les noms des martyrs déposés dans ces lieux sacrés (1) :

Plurima litterulis signata sepulcra loquuntur,
*   Martyris aut nomen, aut epigramma aliquod.*
Sunt et muta tamen tacitas claudentia tumbas
*   Marmora, quæ solum significant numerum.*
Quanta virum jaceant congestis corpora acervis
*   Nosse licet, quorum nomina nulla legas.*
Sexaginta illic defossas mole sub una
*   Relliquias memini me didicisse hominum,*
Quorum solus habet comperta vocabula Christus,
*   Utpote quos propriæ junxit amicitiæ.*

(1) *Peristephan. pass. Hippol. mart.*, v. 7.

Ce silence de beaucoup de tombes, le poète l'explique par la multitude de victimes qu'avait moissonnées la rage des persécuteurs, et apparemment par la difficulté, pour les chrétiens, dans ces jours de trouble et de deuil, de donner tous les soins convenables à la sépulture d'un si grand nombre de leurs frères : c'est l'intention de ces deux autres vers (1) :

Tantos Justorum populos furor impius hausit,
Quum coleret patrios Troja romana deos.

Cette même différence encore marquée entre les tombes modestes des antiques cimetières chrétiens, s'étend à celles des Martyrs comme à celles des autres fidèles. Il en est dont les niches encore fermées renferment les corps de héros du christianisme, signalés à notre vénération par le vase ensanglanté, indice de leur victoire ; mais dont les noms, ignorés aujourd'hui, ne seront révélés qu'au grand jour de la rémunération. Il en est d'autres, au contraire, dont les inscriptions, presque toujours courtes et simples, nous font connaître les noms inscrits dans le ciel au Livre de vie, et vénérables sur la terre à la piété du chrétien. Ce sont ceux que, pour cette raison, on a coutume de désigner comme *nominis proprii*; et c'est à cette classe qu'appartient le corps du Martyr qui devient désormais le protecteur de la Propagation de la Foi.

Les lettres authentiques ont soin de signaler cette circonstance, que sa tombe portait une inscription qui ré-

___

(1) *Peristephan. pass. Hippol. mart.*, v. 5.

vélait ce nom propre; et, pour qu'il n'y eût rien d'in-
complet dans le don fait par le Souverain Pontife, la
pierre portant cette inscription a été envoyée avec le
corps, nouvelle relique, que l'homme studieux du passé
ne pourra voir sans intérêt, que l'homme religieux con-
templera dans une profonde méditation. Cette tablette,
réduite à un huitième dans le dessin (figure 2), et d'un
marbre assez semblable à celui que nous appelons tur-
quin, n'est qu'une partie de la pierre sépulcrale qu'on
a recoupée pour la facilité du transport. En caractères
tracés par une main inexpérimentée, liés entre eux, peu
profonds, et se rapprochant un peu des anciennes écri-
tures cursives, elle fait lire ainsi le nom du Martyr :

EXVPERI.

Epitaphe la plus modeste, sans doute, et la plus simple
qu'on puisse trouver, mais semblable, dans sa brièveté,
à beaucoup d'autres inscriptions des cimetières chrétiens.

Ce nom d'EXVPERIVS, ou EXSVPERIVS, et son analogue
féminin, EXVPERIA, se lisent sur des monuments lapi-
daires de l'antiquité profane. Ils impliquent une idée de
supériorité, s'il faut chercher leur origine dans le verbe
exsuperare, comme il paraît évident. Des présages or-
gueilleux étaient souvent ainsi la pensée dominante des
noms significatifs que les païens imposaient à leurs enfants. Beaucoup de ces noms furent sanctifiés ensuite par
les héros chrétiens qui les portèrent : car les premiers
fidèles conservaient leurs noms païens ou les donnaient
à leurs fils; et il est peu de noms des gentils qui n'aient
été portés par des chrétiens et par des Saints, sans ex-
cepter même ceux des fausses divinités, tels que *Satur-*

ninus, *Apollo*, *Minervius*, etc. Ce ne fut qu'assez tard que la coutume d'imposer au baptême les noms des Apôtres, des Martyrs, etc., prévalut généralement dans l'Eglise.

On aime à retrouver celui d'EXVPERIVS dans une autre inscription, tirée aussi des Catacombes (1) :

DOMINO FILIO INCOM
PARABILI EXVPERIO
VERVS ET AMPELIA PA
RENTES FILIO IN PACE

Mais il est plus important encore de rechercher les Saints appelés de ce nom dans les Martyrologes.

Celui sur lequel nous trouvons le plus de documents dans l'histoire ecclésiastique, le seul aussi qui ne soit pas martyr, est un pontife de notre Gaule, saint Exupère, évêque de Toulouse, qui mourut au commencement du cinquième siècle. Le Martyrologe romain le mentionne ainsi au 28 septembre : *Tolosæ S. Exuperii, episcopi et confessoris, qui beatus vir quantum sibi extiterit parcus, quantumque aliis largus, sanctus Hieronymus relatu prosecutus est memorabili.* Nous savons en effet qu'il était lié d'amitié avec saint Jérôme, qui en parle en plusieurs endroits de ses ouvrages avec de grands éloges, et qui lui dédia ses commentaires sur le prophète Zacharie. Saint Paulin de Nole en fait aussi mention légèrement (2) ; et plusieurs critiques pensent

(1) Muratori, *Nov. thes. vet. inscript.* t. IV, p. MDCCCLXIX, n° 2.

(2) *Epist.* XXI.

que c'est le même Exupère qu'Ausone a compté parmi les professeurs de Bordeaux (1).

Nous connaissons trois saints Martyrs du nom d'Exupère ; mais nous n'avons sur leur histoire que des notions bien bornées. Le plus célèbre, sans contredit, est celui qui fut un des principaux officiers, *campiductor*, de la glorieuse légion Thébéenne, et qui, partageant les sentiments de saint Maurice et de ses compagnons, fut martyrisé avec eux auprès d'*Agaunum*, vers la fin du troisième siècle. Il est honoré avec eux le 14 septembre. Mais la relation de leur martyre, attribuée à saint Eucher, évêque de Lyon (2), ne renferme rien qui lui soit personnel, si ce n'est son nom qu'elle écrit *Exsuperius*, et son titre militaire.

A peu de distance de Lyon, dans le territoire de Vienne, souffrit un second Exupère, avec deux compagnons, Séverin et Félicien. Adon, au 19 novembre, nous apprend comment leurs corps furent transférés dans la basilique de saint Romain : *Apud Viennam sanctorum Martyrum Severini, Exuperii et Feliciani, quorum corpora, post multa annorum curricula, ipsis revelantibus inventa, et a Pontifice, urbis clero, et populo honorifice sublata, in basilica sancti Romani, quæ jam dictæ civitatis parte orientali sita est, condigno honore condita sunt.* Un ancien Bréviaire de Vienne met cette

(1) *Profess.* 18.

(2) Ap. Ruinart, *Acta Martyr.*, édit. in-4°, p. 289.

translation sous l'évêque Paschase, vers le milieu du quatrième siècle, et ajoute que, vers 830, ils furent transférés de nouveau au monastère de Romans, par saint Barnard, archevêque de Vienne (1).

Enfin, le Martyrologe romain place au 2 mai un troisième Exupère, martyrisé sous Hadrien, avec sa femme Zoé, et ses deux fils Cyriaque et Théodule : *Item sanctorum martyrum Exuperii, et Zoes uxoris ejus, Cyriaci et Theoduli filiorum, qui sub Adriano imperatore passi sunt.* Les Grecs les honorent le même jour, et nous ont transmis des actes recueillis depuis par les Bollandistes (2), et que Tillemont a cités avec quelque confiance (3). On y voit qu'ils étaient esclaves d'un païen qui, en haine de Jésus-Christ, les fit périr dans un four. Mais ces actes donnent autrement le nom du chef de cette famille, et l'appellent *Hesperus.*

Tels sont, si je ne me trompe, tous les Saints qu'on peut trouver mentionnés dans les martyrologes sous le nom d'*Exuperius* (4). Ces courtes recherches offraient d'autant plus d'intérêt qu'elles avaient été tentées par bien

---

(1) Tillemont, *Mém. pour servir à l'hist. ecclésiast.*, t. II, in-4°, p. 348.

(2) *Acta Sanct. maii*, t. I, p. 178.

(3) *Mém. p. servir à l'hist. ecclés.*, t. II, in-4°, p. 252.

(4) Je n'ai point parlé des femmes chrétiennes qui portèrent le nom d'*Exuperia* ; l'une d'elles souffrit le martyre à Rome, et le Martyrologe romain la rappelle ainsi au 26 juillet : *Romæ, via Latina, sanctorum martyrum Symphronii, Olympii, Theoduli, et Exuperiæ, qui (ut in gestis S. Stephani Papæ legitur) ignibus combusti, martyrii palmam adepti sunt.*

des personnes dans cette ville, depuis l'annonce de la
précieuse relique, et qu'on avait singulièrement désiré
de retrouver le saint Martyr dans quelqu'un de ceux
qui portèrent le même nom. On a peu parlé du martyr
de Vienne, on a faiblement conjecturé sur le compa-
gnon de saint Maurice ; mais on a cru pouvoir, avec
plus de vraisemblance, attribuer les Reliques saintes à
celui qui souffrit sous Hadrien. Il était donc indispen-
sable pour mon objet de rappeler ici ces diverses conjectures ; et il sera facile maintenant de montrer com-
bien elles sont peu fondées.

La connaissance que nous avons du lieu de son supplice et de ses deux translations éloigne assez toute pensée de voir les restes du Martyr de Vienne dans celui des
Catacombes. Il serait à peine moins invraisemblable de
supposer qu'un martyr égorgé dans le Valais aurait
été transporté de si loin, seul entre tous ses compagnons,
dont il n'était pas le plus illustre, et cela pour être ou-
blié durant tant de siècles, dans le plus célèbre et le
mieux exploré des cimetières chrétiens de Rome.

Quant au martyr honoré le 2 mai, et qui souffrit sous
Hadrien, on n'est pas mieux fondé à le reconnaître dans
le corps saint que possède aujourd'hui notre ville. Lorsque dans leur empressement à le retrouver dans les
anciens actes ecclésiastiques, quelques personnes ont
cru trop promptement à cette identité, elles ont sup-
posé qu'il fut martyrisé à Rome. Mais cette supposition
était toute gratuite : car le Martyrologe ne nomme point
le lieu du martyre, mais dit simplement : *Item sanctorum martyrum, etc.* (1).

(1) On ne peut donner à *item*, sorte de particule copulative,

Il faut ajouter quelque chose de plus positif, et qui contredit formellement cette supposition : c'est que les actes conservés par les Bollandistes, que j'ai cités plus haut, placent le martyre de cette héroïque famille à *Attalia*, ville de la Pamphylie, dans l'Asie mineure.

Notre saint Exupère n'est donc ni le martyr d'*Agaunum*, ni celui de Vienne, ni celui qui souffrit sous Hadrien. C'est un Saint dont nous ne pouvons connaître ni la vie, ni la patrie, ni le genre de mort (1), puisque nous manquons de la base même sur laquelle on pourrait asseoir des conjectures. Dieu a mis des bornes à la curiosité humaine, même à la plus pieuse, et il lui a

la signification d'*ibidem*, quoique l'indication *Romæ* se lise dans la phrase précédente. Dans le langage ordinaire des martyrologes, il désignerait plutôt, en quelque sorte le temps, que le lieu; car il est mis indifféremment pour *eodem die ;* et il précède souvent l'indication du lieu où le saint est honoré : *Item Romæ*.

(1) Les ossements du saint Martyr ne sont pas placés dans la châsse envoyée de Rome , comme ils l'étaient dans la niche des Catacombes. Suivant une coutume assez générale dans beaucoup de pays catholiques, ils ont été revêtus d'un riche costume imitant celui de son époque, et l'on a figuré en cire la tête, et les parties du corps que de tels vêtements laissaient à nu. Le cou restant ainsi à découvert, on y a ménagé une solution de continuité, et figuré des gouttes de sang, qui sembleraient rappeler le supplice de la décapitation , assez fréquemment employé pour mettre fin aux tourments des martyrs. Il est possible que quelque donnée conservée à Rome ait motivé une telle conjecture sur son genre de supplice ; mais il est plus naturel de penser que cette disposition de la restauration en cire n'a été adoptée, que pour indiquer le martyre de la manière la plus simple.

dit comme à la mer : *Usque huc venies, et non procedes ampliùs* (1). Il faut nous contenter de connaître son nom, que la Providence a bien voulu nous conserver, de savoir avec toute certitude qu'il fait partie, dans le ciel, de l'armée sainte des **Martyrs**, de posséder dans notre ville ses restes précieux, qui sont dignes de tous nos hommages, et de pouvoir désormais, en l'invoquant avec confiance comme un nouveau protecteur, dire de lui ce qui fut dit à Judas Machabée d'un des prophètes de **Dieu** : *Hic est fratrum amator..., hic est qui multùm orat pro populo et universa sancta civitate* (2).

(1) *Job.* xxxviii, 11.

(2) *II. Mac.* xv, 14.

www.ingramcontent.com/pod-product-compliance
Ingram Content Group UK Ltd.
Pitfield, Milton Keynes, MK11 3LW, UK
UKHW021623130726
13696UKWH00005B/2020